チュートリアル

福田充徳の家呑みレシピ

福田の
家呑みの掟5カ条

1
とりあえず、作ってみろ。手を動かせ。

料理に少しでも興味があったら、細かいことは気にせず、
作りたいものから作ってみるのをおすすめします。
憧れのメニューにいきなりチャレンジするも良し、基礎からコツコツ始めるも良し。
どう転んでも、自分で作った料理は不思議に旨く感じるもんですよ。
実際に手を動かして、初めて見えてくることがある。
料理ってちょっと楽しいかも……って思えたら、しめたもんです。

2
たまにでいいから、誰かに料理をふるまえ。

料理が好きになってくると、「もっと作りたい！」っていう情熱が湧いてきます。
そんなときは、友達でも彼女でも、誰か手料理でもてなしてみてください。
「おいしいね！」でも、「手際がいいね」でも、
何かしら褒められるとちょっと自信がつくし、気分も変わります。
僕自身も、意識して「おいしかった」って伝えるようになったし、
お店の料理人さんにも「ありがとう！」を必ず言います。
自分がされて嬉しかったことは、他の人にも返していきたいもんな〜。

3
仕事帰りに、スーパーに立ち寄る習慣をつけろ。

スーパーって、食材と情報の宝庫だと思います。
季節の移り変わりも食材を見てるとはっきりわかるし、

いろんな新商品も追加されるし、毎日通っても飽きない場所です。
閉店前は特売で半額だったりするから、仕事帰りに寄るとお得なことがいっぱいあるはず。
料理の幅もぐ〜んと広がりますよ〜。

4 ガッツリ呑むのは、家に帰ってからにしろ。

外呑みでのホロ苦い思い出、クサるほどあります……。
ベロベロに酔って、先輩を「オマエ！」呼ばわりしてしまったり、
マンションのカギなくして塀によじ登ったあげく、スパイダーマンよろしく飛び越えてたり……。
朝気づいて下を見たときはゾッとしたな〜。「生きてて良かった〜」って心底思いましたもん。
そんなわけで、最近外では控えめな呑みを心がけてます。
でも、家でのひとり呑みなら誰にも迷惑かけへんから、思う存分呑める。
やっぱり家呑みがサイコーやぁ〜！

5 ひとりを、孤独と思うな。

気遣いって、仕事や人間関係をうまく回すのに、すごく大切ですよね。
だから、外ではどうしても周りに気ぃ遣う。
仲間とワイワイ騒ぐのは楽しいけど、どこかで気ぃ遣ってる。
僕の場合、ひとりで家呑みしてるときが、一番自分らしくいられる時間なんです。
彼氏彼女がいなくてひとりで呑んでるあなた、ひとり呑みは、決してさびしくない！
いつかは、誰かと一緒にいたいと思う日が来るかもしれんけど、
僕はこの先何があってもひとり家呑みは続けていくと思うなぁ〜。

さあ、家で呑む日は、つまみを作ろう！

目次

第四章　スーパー、コンビニで食材探し

第五章　ひとりスープ&ひとり鍋

分量の表記について
●計量単位は１カップ＝200cc、大さじ１＝15cc、小さじ１＝5ccです。
●材料のところに（○人分）といった表記がないものに関しては、すべて１人分の分量となっています。

第一章 ハズレなしの定番おかず

家呑みって、晩ご飯を兼ねることも多いので、
がっつりおかずもよく作ります。
「今日の夜は絶対ハンバーグ作るで！」とか、
昼間から決めてることもしょっちゅうですもん。
食べるのも好きだけど、それ以上に
〝作るのが好き〟なんですよね。
ひとりで作ってるだけで、すごく楽しい。
でも、たま～に誰か遊びに来たときには、
サッと作って出すと、えらい喜ばれたりしますよ。
お酒はもちろん、ご飯にも合うしな～。
定番おかずは、ほんまエラいな～。

目玉焼きハンバーグ

簡単なのに、“手間かけてる”風に見えるおトクなメニュー。
ぜひ、彼氏とか彼女とかに作ってやってほしいなぁ〜。

材料

合びき肉 …… 150g
玉ねぎ（みじん切り）…… 1/6 個分
パン粉 …… 大さじ 1
牛乳 …… 大さじ 1
溶き卵 …… 1/4 個分
塩 …… 小さじ 1/6
こしょう …… 少々
ナツメグ …… 少々
卵黄 …… 1 個分
デミグラスソース（市販のもの）…… 適量

作り方

1. ボウルに合びき肉、玉ねぎ、パン粉、牛乳、溶き卵、塩、こしょう、ナツメグを入れ、よく混ぜて丸める。
2. 耐熱皿に 1 を入れ、中央をスプーンなどで軽くへこませて 210℃に温めたオーブンで 12 分ほど焼く。
3. 鍋にデミグラスソースを入れて熱し、一煮立ちさせる。
4. オーブンから 2 を一旦取り出し、中央に卵黄を落とす。3 をまわりに流し入れ、さらに 2 〜 3 分焼く。

福田から一言

味良し、ビジュアル良し。オーブンで焼くから焦げる心配もなし。黄身もお月さんみたいでかわいいでしょ。デミグラスの代わりにレトルトカレーでも OK。

鶏肉の天ぷら

鶏むね肉はあっさりしてるから、下味をしっかり。
とにかく手で、もんでもんで、もみこんだってください！

材料

鶏むね肉 …… 1/2 枚

A
- しょうゆ …… 小さじ 2
- 酒 …… 小さじ 1
- みりん …… 小さじ 1
- にんにくのすりおろし …… 小さじ 1/2
- しょうがのすりおろし …… 小さじ 1/2

卵黄 …… 1/2 個分
冷水 …… 1/4 カップ
小麦粉 …… 大さじ 5 強
サラダ油 …… 適量

カレー塩（カレー粉と粗塩を 1：2 で混ぜ合わせたもの）…… 適量

作り方

1. 鶏むね肉は、ひと口大のそぎ切りにする。
2. ボウルに A を合わせ、**1** を加えてよくもみこむ。
3. ボウルに卵黄と冷水を入れてよく混ぜ、小麦粉を加えてさっくりと混ぜ、衣を作る。
4. **3** に **2** の鶏むね肉を入れて衣をつけ、170℃に熱したサラダ油で揚げる。
5. 皿に盛り、カレー塩を添える。

福田から一言

手でよくもむと味も染みるし、肉がやわらかくなるし、いいことづくめ。実はこれ、某有名餃子チェーン店の秘技なんですけども……。

豚肉しょうが焼き＆にんにく焼き

ガツン！　と効かせたしょうがとにんにく。
ふたつの味が楽しめる、よくばりメニューです。

材料

豚ロース肉（薄切り）
…… 4 枚（約 100g）

A
- しょうゆ …… 大さじ 1 と 1/2
- みりん …… 大さじ 1 と 1/2
- 酒 …… 大さじ 2/3

しょうがのすりおろし
…… 小さじ 1/2
にんにくのすりおろし
…… 小さじ 1/2
サラダ油 …… 適量
キャベツ（せん切り）…… 適量

作り方

1. ボウルに A を入れて混ぜ、半分に分ける。一方にはしょうがのすりおろし、もう一方にはにんにくのすりおろしを加えてよく混ぜる。
2. それぞれの漬け汁に豚ロース肉を半量ずつ漬けて、下味をつける。
3. フライパンにサラダ油を熱し、豚ロース肉を入れ、焼き色がつくまで焼く。
4. 両面に焼き色がついたら、残りの漬け汁を加えて煮からめる。もう一方の味付けの肉も同様に焼く。
5. 皿に盛り、キャベツを添える。

福田から一言

にんにくは焦げやすいので、弱めの中火でじっくり焼いて。せん切りキャベツは隠れた主役！　タレをたっぷりつけて食べてくださいね。

かぼちゃのメンチカツ

甘くて、まろやかで……実はかぼちゃ、大好きなんです。
コロッコロのまん丸形に、かわいく仕上げてみてな。

材料

かぼちゃ …… 100g
豚ひき肉 …… 100g
玉ねぎ（みじん切り）
…… 1/8 個分
塩 …… 少々
こしょう …… 少々
ウスターソース …… 小さじ 2
とろけるチーズ …… 適量
小麦粉 …… 適量
溶き卵 …… 1 個分
パン粉 …… 適量
サラダ油 …… 適量

A：ソース
（ボウルなどで混ぜておく）
ケチャップ …… 大さじ 1/2
マヨネーズ …… 大さじ 2
粒マスタード …… 小さじ 1

作り方

1. かぼちゃは 1cm の厚さに切り、耐熱皿に並べてラップをかけ、電子レンジ（500W）で、やわらかくなるまで約 2 分ほど加熱する。フォークなどで細かくつぶし、冷ましておく。
2. ボウルに豚ひき肉、**1**、玉ねぎ、塩、こしょう、ウスターソースを入れ、よく混ぜる。
3. 2 を球状にととのえ、中心に 5 等分にしたとろけるチーズを入れる。小麦粉、溶き卵、パン粉の順に衣をつけ、170℃に熱したサラダ油で揚げる。
4. 皿に盛り、A のソースを添える。

福田から一言

おなじみのメンチカツも、かぼちゃを加えると一味違いますよね。甘いかぼちゃとチーズの相性はバツグン。とろ～り、熱々を食べるのがおすすめです。

あんかけ和風オムレツ

フワフワに焼いたツナ入り卵に、トロッとあんをかけて。
ちょっと、京都っぽい仕上がりを意識してみました。

作り方

1. ツナ缶は水気を切っておく。
2. ボウルに卵を入れほぐし、めんつゆと水を加えて混ぜる。
3. フライパンにサラダ油を熱し、2 を流し入れ、手早くかき混ぜる。真ん中にツナをおき、手早く折りたたんで形をととのえ、皿に盛りつける。
4. あんを作る。鍋に水、液体だしを入れて一煮立ちさせる。薄口しょうゆ、みりんを加えて煮立て、水溶き片栗粉でとろみをつける。
5. 3 に 4 をかけ、長ねぎと刻みのりをのせる。

材料

卵 …… 1 個
めんつゆ …… 小さじ 1
水 …… 小さじ 2
サラダ油 …… 適量
ツナ缶（小）…… 1/4 缶

あん
- 水 …… 1/4 カップ
- 液体だし …… 小さじ 1/4
- 薄口しょうゆ …… 小さじ 1/2
- みりん …… 小さじ 1/2
- 水溶き片栗粉（小さじ 1/2 の水に、小さじ 1/2 の片栗粉を溶いたもの）

長ねぎ（小口切り）…… 適量
刻みのり …… 適量

福田から一言

オムレツのコツは、何と言っても火加減。慣れないうちは、弱火でじっくり焼いてみてください。隠し味の「めんつゆ」が、いい仕事してます。

豚キムチフライ

豚肉、白菜キムチ、とろけるチーズをカラッと揚げて。
この“黄金トリオ”の相性、たまらんなぁ〜。

材料

豚もも肉（薄切り）…… 4 枚
白菜キムチ …… 適量
とろけるチーズ …… 適量
小麦粉 …… 適量
溶き卵 …… 1 個分
パン粉 …… 適量
サラダ油 …… 適量
レタス …… 適量

A：ソース
（ボウルなどで混ぜておく）
豆板醤 …… 少々
ウスターソース …… 大さじ 1

作り方

1. 白菜キムチは汁気を切っておく。
2. 豚もも肉は 2 枚並べて広げ、好みの量の白菜キムチを重ねる。とろけるチーズを真ん中にのせ、端からスティック状にくるくると巻く。
3. 2 に小麦粉、溶き卵、パン粉の順に衣をつけ、170℃に熱したサラダ油で揚げる。
4. 皿に盛り、1cm 幅に切ったレタスと A のソースを添える。

福田から一言

巻きが甘いと、チーズが流れてしまうから気をつけて。手前に具材を引っぱって、キッチリ隙間を詰めながら巻いてください。

僕の料理のルーツは『美味しんぼ』

『美味しんぼ』は、僕にとって料理のバイブル的な存在。初めて読んだのは、小学校高学年の頃。家にあったから何気なく手に取って……もう、その場でハマってましたね。基本的には大人向けのマンガやから、漢字にふり仮名もないんですけど、頑張って読んでました。

ストーリーは、主人公の山岡と、父親の海原雄山の親子対決を通じて、料理の奥深さを描いたマンガです。山岡と雄山は、お互いが実力を認めているのに、長年の確執があって意地を張り合ってる。プライドを懸けた真剣勝負に、めちゃめちゃ興奮したな〜。それまで、福田少年にとっての〝カッコええ男〟は、「ケンカが強い」「バイクの運転がうまい」奴だったのに、「味覚が鋭い」が一番になりましたもん。一時は本気で、「将来は料理人になる」って心に決めてました。読みすぎて頭でっかちになったあげく、ばあちゃんの料理になんだかんだ注文つけたり……。今思うとイヤな孫ですよね。ばあちゃんゴメン！

僕ね、料理大好きなんやけど、舌は正直平凡だと思うんです。だから、山岡の非凡な味覚にすごく憧れるし、羨ましいです。最近山岡と雄山がついに和解して、ほんまよかった〜と思う反面、昔みたいな凄みのある山岡を見たい！　とも思います。これからも楽しみにしとるで〜！

9巻の第3話『再会の丼』は牛スジ煮込みが食べたくなる話！
美味しんぼ
美味しんぼ

牛スジ肉の煮込み（P72）を作るきっかけになった9巻（写真上）は忘れられない！ 最新刊はついに103巻(写真下)に！（2010年2月現在）

『美味しんぼ』

小学館ビッグコミックスピリッツ連載中

第二章 5分でできる簡単おつまみ

僕は家呑みが大好きなんで、
毎日「早く呑みたいな～」って思いながら
急いで家に帰るんです。
着いたら、とにかくすぐに呑みたい。
でも、やっぱりつまみは2～3品欲しい。
そんなとき、とりあえずのつなぎで
チャチャッと作る簡単おつまみです。
ほんまにあっという間にできるので、
チョイッとつまんでビール飲みつつ、
のんびり次の料理を作ってみたり……。
あ～、今夜も家呑みが楽しみやなぁ～！

ちくわのバジルツナマヨ

ウニュ〜ッと穴にしぼるのが、これまた楽しい！
バジル風味の、“なんちゃって”オシャレつまみです。

作り方

1. ツナ缶は汁気を切り、なるべく細かくほぐしておく。
2. ビニール袋に **1**、マヨネーズ、バジルペーストを入れ、手でもむように混ぜる。
3. ビニール袋の角部分を少し切り、しぼり袋の要領でちくわの穴に中身をしぼり入れる。
4. 斜めに切り、皿に盛る。

材料

ちくわ …… 2本
ツナ缶 …… 1/4缶
マヨネーズ …… 大さじ 1/2
バジルペースト …… 小さじ 1/2

福田から一言

ちくわの穴は意外に大きいので、思い切りしぼって OK です。ある程度中身が詰まったら、逆側の穴から再チャレンジを。

マグロとアボカド わさびじょうゆ和え

「こんなに!?」って思うほど
わさびたっぷりが旨いですよ。

材料

マグロ …… 60g
アボカド …… 1/2 個
レモン汁 …… 小さじ 1/2
しょうゆ …… 小さじ 1
練りわさび …… 適量
のり …… 適量

作り方

1. マグロは 2cm の角切りにする。アボカドは半分に切って種を取り、スプーンで果肉をくり抜く。皮はとっておく。
2. ボウルにアボカドを入れ、レモン汁を加える。フォークなどでつぶしながら混ぜ、マグロを加えてしょうゆと練りわさびで味をととのえる。
3. アボカドの皮を器にして 2 を盛り、のりで巻いていただく。

鶏ささみの 塩昆布和え

表面が白くなる程度で
中身レアに仕上げるのがコツ。

材料

鶏ささみ（新鮮なもの）…… 2 本
塩昆布（細切りタイプ）…… 大さじ 1
あさつき（小口切り）…… 適量

作り方

1. 鶏ささみはスジを取る。鍋に湯を沸かし、沸騰直前になったら酒少々（分量外）を入れ、鶏ささみをサッと湯引きする（表面の色が白く変わる程度）。
2. 鶏ささみを冷水につけ、水気をよく拭き取る。一口大のそぎ切りにして、塩昆布とあさつきをからませる。

納豆卵焼き

「納豆のたれ」が隠し味。
弱火でじっくり焼いたって。

材料

卵 …… 2個

納豆 …… 1パック（約40g）

高菜漬（細かく刻んだもの）…… 25g

A
- 液体だし …… 小さじ1/2
- 水 …… 大さじ2
- しょうゆ …… 小さじ1/2
- みりん …… 小さじ1

サラダ油 …… 適量

大根おろし …… 適量

納豆のたれ …… 適量

作り方

1. ボウルに卵を溶きほぐし、Aで味をととのえ、納豆と高菜漬を加える。
2. フライパンにサラダ油を熱し、1を2、3回に分けて流し入れ、焼く。
3. 皿に盛り、大根おろしを添える。お好みで納豆のたれをかけていただく。

納豆のり包み

ネバネバ系がお好きな人は
ぜひ一度、お試しください。

材料

納豆 …… 1パック

オクラ …… 1～2本

山いも …… 2cm分

納豆のたれ …… 適量

しょうゆ …… 少々

練りわさび …… 少々

韓国のり …… 適量

作り方

1. オクラは塩（分量外）を入れた湯で、サッとゆでる。
2. オクラと山いもは、それぞれ納豆程度の大きさに刻む。
3. ボウルに納豆と2を入れ、納豆のたれ、しょうゆ、練りわさびで和えて味をととのえる。
4. 韓国のりで包んでいただく。

鮭フレークの韓国風和えもの

鮭フレークと韓国のり、ごま油の相性は鉄板！
そのままでも、〆でご飯にのせても旨いんや〜。

材料

鮭フレーク …… 1/2 びん（約 40g）

韓国のり …… 適量

あさつき（小口切り）…… 適量

白炒りごま …… 小さじ 1

ごま油 …… 小さじ 1

作り方

1. 韓国のりは手で細かくちぎっておく。
2. ボウルに鮭フレークを入れ、韓国のり、あさつき、白炒りごま、ごま油を加えてよく和える。

福田から一言

旨味たっぷり、鮭フレーク！　冷蔵庫に常備しておくとすごく便利です。あさつきをドバッとのせるとますます美味です。

山いもの梅昆布茶まぶし

味付けは梅昆布茶のみ！
かけすぎには
ご注意ください。

材料

山いも …… 4cm 分（約 70g）

梅昆布茶 …… 適量

作り方

1. 山いもは4cm長さの短冊切りにする。
2. ボウルに 1 を入れ、梅昆布茶をかけて混ぜる。

スルメイカの辛子明太子まぶし

まぶしてからちょっと置いて、
ええ感じになじんだら食べ頃です。

材料

スルメイカ（市販のおつまみ / ソフトタイプ）
…… 1/2 袋（約 25g）

辛子明太子（皮を取り、ほぐしたもの）
…… 小さじ 2 〜 3

マヨネーズ …… 小さじ 1

作り方

1. スルメイカは食べやすい長さに切る。
2. ボウルに辛子明太子とマヨネーズを入れて混ぜ、1 を加えて和える。

「さけるチーズ」の生ハム巻き

コジャレたフィンガーフード……って感じやろ!?

材料

「さけるチーズ」…… 3本
生ハム …… 3枚
粗びき黒こしょう …… 適量
エキストラヴァージンオリーブオイル …… 適量

作り方

1. 「さけるチーズ」は手で細くさき、生ハムで巻く。
2. 皿に盛り、粗びき黒こしょうをふり、エキストラヴァージンオリーブオイルを回しかける。

ゆでじゃがいもの塩辛のせ

仕上げはオリーブオイルで。塩辛とよく合う、さっぱり風味です。

材料

じゃがいも（中サイズ）…… 1個
イカの塩辛 …… 適量
エキストラヴァージン
オリーブオイル …… 適量

作り方

1. じゃがいもは皮をむかずに、丸ごとゆでる。
2. 1に十字の切り込みを入れ、イカの塩辛をのせ、エキストラヴァージンオリーブオイルを回しかける。

＊じゃがいもはゆでる代わりに、濡れたキッチンペーパーで包み、さらにラップで包んで電子レンジ（500W）で5～6分加熱してもOK。

キャベツとコンビーフの
ソース炒め

**コンビーフとソースの組み合わせ、懐かしいでしょ？
シンプルだけど、ついついクセになる味です。**

材料

キャベツ …… 1/6個
コンビーフ …… 1/3缶（約35g）
サラダ油 …… 適量
ウスターソース …… 小さじ2
塩 …… 少々
こしょう …… 少々

作り方

1. キャベツはざく切りにする。コンビーフは軽くほぐしておく。
2. フライパンにサラダ油を熱し、キャベツとコンビーフを入れて炒める。ウスターソース、塩、こしょうで味をととのえる。

福田から一言

ソースは濃いめ、こしょうはきつめ。パンチを効かせた味付けが僕好み。大人になって、コンビーフの魅力を再発見しました。

焼きたらこ

「焼き網」と「直火」効果で、
風味がグッとUPしますよ。

材料

たらこ …… 1/2腹
しょうゆ …… 少々
酒 …… 少々
うま味調味料 …… 少々
かつおぶし …… 適量

作り方

1. たらこは、魚用の焼き網で表面を軽く焼き、1cm幅に切る。
2. しょうゆ、酒、うま味調味料で味をととのえ、器に盛ってかつおぶしをのせる。

イカ刺身の大根おろしマヨネーズ和え

マヨと大根おろしが
不思議とよく合うんよね〜。

材料

イカの刺身 …… 1人前（約60g）
大根おろし …… 小さじ2
マヨネーズ …… 大さじ1
しょうゆ …… 少々
七味唐辛子 …… 少々

作り方

1. 大根おろしは、よく水気を切っておく。
2. ボウルでマヨネーズと大根おろしを混ぜ、イカの刺身を加えてよく和える。
3. しょうゆで味をととのえ、器に盛って七味唐辛子をふる。

ほぼほぼ毎日、ひとりで酒呑んでます

呑むのは大好きやけど、正直銘柄のこだわりはほとんどないんですよ。呑んでるのは大体ビールと焼酎。仕事帰りに、コンビニ寄って発泡酒やら紙パック入りの焼酎なんかを買ってます。いいお酒はそりゃあ旨いけど、たまにいただいたりしても、もったいなくてなかなか呑めない。家には一応〝酒棚〟があって、とっておきの酒はそこに並べてあるんですけど。「なんかあったときに呑もう！」と思ってはや幾年……。なんかってなんやねん！　なんもないやんか！　と、自分に突っ込む昨今です。普段使ってるグラスは、ビールのおまけについてるちっちゃいやつ。あれが一番好きなんですよね〜。

外で呑むときも、ひとりのことが多いですね。おっさん連中に囲まれて、マンガ読みながらダラダラ呑むのが好きなんです。お店の大将としゃべったりすることもほとんどないなぁ〜。きっと、「ほっといてくれ！」オーラが出てるんでしょうね。

居酒屋って言えば、吉田類さんの『酒場放浪記』って番組がめっちゃ渋くて面白い。ナレーションも味があって……。あ〜、居酒屋巡りしたいなぁ！

『吉田類の酒場放浪記』

東京の下町を中心に、酒場詩人・吉田類が、“大人がひとりでぶらっと立ち寄れる”酒場を紹介する異色の紀行番組。

DVD は現在、其の壱〜其の四まで発売中。番組は BS-TBS にて毎週月曜日夜９時〜放送（2010 年２月現在）。

制作：Ⓒ BS-TBS/TBS ビジョン
発売元：よしもとアール・アンド・シー

第三章
野菜を食す

僕ね、こう見えて野菜好きなんですよ。
割と、あっさりヘルシーが好みなんです。
育った環境もあると思うけど、
最近は特に意識して、野菜を食べてます。
トマトのリコピンが身体にええとか、
キャベツにはビタミンが多いとか、
栄養の豆知識にも、ちょっと興味が出てきました。
なんと言っても、身体が資本ですしね〜。
年とっても、変わらずおいしく呑めるように、
身体は大事にせんとな〜って思います。
もし呑めなくなってしまったら、
……そんなの悲しすぎるやろ〜!!

塩昆布ポテトサラダ

定食屋で出てくるガッツリ系のポテサラって、ほんまに旨いよね〜。
プラス塩昆布で、いい塩梅のつまみになります。

材料

じゃがいも …… 1個
ハム …… 1枚
きゅうり …… 1/4本
玉ねぎ …… 少々
塩昆布 …… 大さじ1（約15g）
マヨネーズ …… 大さじ1と1/2
生クリーム …… 大さじ1
塩 …… 少々
こしょう …… 少々

作り方

1. じゃがいもは皮をむき、1cm厚さのイチョウ切りにして、10分ほど水にさらし、ゆでる。熱いうちにフォークなどでよくつぶし、冷ましておく。
2. ハムは2等分にしたあと、1cm幅に切る。きゅうりは薄切りにして塩（分量外）で軽くもみ、玉ねぎは薄切りにして、10分ほど水にさらし、水気をしぼる。
3. ボウルに**1**、**2**、塩昆布、マヨネーズ、生クリームを入れてよく混ぜ合わせ、塩、こしょうで味をととのえる。

福田から一言

塩昆布の塩気をみながら、好みの味に調節してください。にんじんやアスパラなど、好きな野菜を適宜入れてもおいしいです。

かぼちゃの煮物→サラダ

かぼちゃの煮物が残ったとき、ふとアレンジしてみたのがこれ。
マッシュポテトみたいに、よ〜くつぶしてください。

＜かぼちゃのサラダ＞

材料

かぼちゃの煮物 …… 100g 程度
バター …… 小さじ 1 強
コンビーフ …… 1/4 缶
生クリーム …… 大さじ 1
ウスターソース …… 小さじ 1/2
塩 …… 少々
こしょう …… 少々
ナツメグ …… 少々

作り方

1. かぼちゃの煮物は、熱いうちにボウルに入れ、フォークなどでつぶしてバターを加え、混ぜる。
2. 1 の粗熱が取れたら、コンビーフ、生クリーム、ウスターソース、塩、こしょう、ナツメグを加え、混ぜる。

福田から一言

かぼちゃの煮物は作ってもいいし、市販の惣菜を使ってもOKです。

＜かぼちゃの煮物＞

材料

かぼちゃ …… 100g
にんじん …… 15g
水 …… 1/3 カップ
液体だし …… 少々
酒 …… 小さじ 1 と 1/3
みりん …… 小さじ 1 と 1/3
砂糖 …… 小さじ 1
しょうゆ …… 小さじ 1

作り方

1. かぼちゃは 3cm の角切り、にんじんは 8mm 程度の角切りにする。
2. 鍋に 1 と水、液体だし、酒、みりん、砂糖、しょうゆを入れ、落としぶたをしてかぼちゃがやわらかくなり、煮汁がなくなるまで煮る。

〈マヨネーズ＋アンチョビーペースト〉
〈マヨネーズ＋カレー粉〉
〈マヨネーズ＋辛子明太子〉
〈ケチャップ＋もろみ〉
〈山いも〉

野菜スティックとディップ5種

いろんな味のディップがあれば、生野菜も山盛り食べられます！
呑んでばっかいるから、ビタミン摂らなあかんしね……。

＜マヨネーズ＋アンチョビーペースト＞

材料

マヨネーズ …… 大さじ3
アンチョビーペースト …… 小さじ2
生クリーム …… 小さじ1と1/2
にんにくのすりおろし …… 少々

作り方

1. すべての材料をよく混ぜる。

＜マヨネーズ＋辛子明太子＞

材料

マヨネーズ …… 大さじ3
辛子明太子 …… 1/2腹（約60g）
レモン汁 …… 少々

作り方

1. 明太子は皮を取り、ほぐす。
2. 1と他の材料をよく混ぜる。

＜ケチャップ＋もろみ＞

材料

トマトケチャップ …… 大さじ3
もろみ …… 大さじ4
タバスコ …… 好みの量

作り方

1. すべての材料をよく混ぜる。

＜野菜スティック＞

材料

きゅうり、セロリ、大根など好みの野菜
…… 適量

作り方

1. 野菜類は、食べやすい大きさのスティック状に切って盛りつける。

＜マヨネーズ＋カレー粉＞

材料

マヨネーズ …… 大さじ3
カレー粉 …… 小さじ1と1/2
生クリーム …… 小さじ1（牛乳でも可）

作り方

1. すべての材料をよく混ぜる。

＜山いも＞

材料

山いも …… 5cm分
岩のり佃煮 …… 大さじ1
卵黄 …… 1個分
しょうゆ …… 小さじ2

作り方

1. 山いもは皮をむき、ビニール袋に入れ、めん棒などで叩いてつぶす。
2. 1と他の材料をよく混ぜる。

＊山いもディップは野菜だけでなく、塩せんべいなどにつけて食べてもおいしいです。

レタス丸ごとしゃぶしゃぶ

レタスはゆですぎず
歯ごたえ良く仕上げて。

材料

レタス …… 1個
塩、酒 …… 各少々

A：たれ
- バルサミコ酢 …… 大さじ1
- しょうゆ …… 大さじ1
- みりん …… 大さじ1弱
- 酒 …… 大さじ1
- 水 …… 大さじ1〜2

水溶き片栗粉（小さじ1の水に、小さじ1/2の片栗粉を溶いたもの）

作り方

1. レタスは芯をくり抜く。
2. 鍋に湯を沸かし、塩と酒を入れ、レタスを丸ごとサッとゆで、ざるなどに上げてよく水気を切る。
3. たれを作る。別の鍋にAを入れて火にかけ、沸騰したら水溶き片栗粉を加えてとろみをつける。
4. 2を器に盛り、3のたれをかける。

焼き山いもの珍味たっぷりのせ

テフロンのフライパンは
油いらずで本当に便利！
シャキッとレアに焼いてな〜。

材料

山いも …… 7〜8cm分
イカの塩辛、カニみそ、イクラ、タコわさなど好みの珍味 …… 適量

作り方

1. 山いもは皮をむき、8mm幅の輪切りにする。
2. フライパン（テフロン製）を熱し、油を使わずに1を両面焼く。
3. 皿に盛り、好みの珍味をのせる。

トマトと卵のザーサイ炒め

**これ、ちょっと良さげな店ではイイ値段とるんですよ！
家ならサッと作れるし、何よりめっちゃ安上がりです。**

材料

トマト …… 1個
卵 …… 1個
ザーサイ …… 10g
紹興酒 …… 小さじ1/2
しょうゆ …… 小さじ1/2
ごま油 …… 適量
塩 …… 少々
こしょう …… 少々

作り方

1. トマトは横半分に切り、大きめの乱切りにして、種を取る。ザーサイは粗みじん切りにする。卵は溶きほぐし、軽く塩、こしょうをする。
2. フライパンにごま油を熱し、トマト、ザーサイをサッと炒める。
3. しょうゆ、紹興酒、こしょうで味をととのえ、卵を加える。火が通りすぎないよう、大きく混ぜながら手早く炒め、皿に盛る。

福田から一言

トマトの皮をむくと、より口あたりのよい仕上がりに。トマトにフォークを刺し、直火であぶると簡単に皮がむけますよ。卵は火を通しすぎず、トロッと半熟に仕上げるのがコツ。

せいろもやし ＆ 豚バラ

せいろから直で食べられるから、ひとり呑みにはもってこい。
肉のジューシーな旨味が、もやしにたっぷり染みこんでます。

材料

もやし …… 1袋

豚バラ肉（薄切り）…… 100g

ポン酢 …… 適量

七味唐辛子、島唐辛子ペーストなど

お好みの薬味…… 適量

作り方

1. 豚バラ肉は、半分の長さに切る。
2. せいろにもやしを山盛りにし、上から豚バラ肉を並べ、強火で蒸す。
3. 豚バラ肉でもやしを包むようにしながら、ポン酢と好みの薬味をつけていただく。

福田から一言

肉でもやしをクルッと巻いて食べてください。おすすめの薬味は沖縄の島唐辛子ペースト（写真右端）。スッキリした辛味がたまりません。

トウモロコシのかき揚げ

揚げものって最初はハードル高く感じるけど、慣れると楽しい。
サックリ揚がると、めっちゃ達成感ありますよ〜。

材料

トウモロコシ …… 1/2本
小麦粉 …… 大さじ4
冷水 …… 大さじ3強
塩 …… 少々
サラダ油 …… 適量

作り方

1. トウモロコシは、包丁で実をそぎ取る。
2. ボウルに1、小麦粉、塩を入れて混ぜ合わせ、冷水を少しずつ加えながら、さっくりと混ぜる。
3. 2を170℃に熱したサラダ油で揚げる。

福田から一言

生のトウモロコシが手に入らない季節には、缶詰（約130g）を使ってもOK。お玉にのせて揚げると、きれいな丸形になります。

野菜炒め

ちょっと焦げても、気にしない！　強火でガンガン炒めてOK。
“安くて旨い”もやしを、たっぷり入れるのが福田風です。

材料

キャベツの葉（大）…… 2～3枚
もやし …… 1/5袋
にんじん …… 25g
ニラ …… 5本
きくらげ（小さめのもの）…… 5片

A：合わせ調味料
- 水 …… 大さじ3
- 中華スープの素 …… 小さじ1/3
- 酒 …… 小さじ1
- しょうゆ …… 小さじ1/2
- 塩 …… 少々
- こしょう …… 少々
- にんにくすりおろし …… 少々
- しょうがすりおろし …… 少々
- 片栗粉 …… 小さじ1/3

ごま油 …… 適量

作り方

1. キャベツは4cm角、にんじんは短冊切り、ニラは5cmの長さに切る。きくらげはぬるま湯（分量外）で戻しておく。Aはボウルなどで混ぜ合わせておく。

2. フライパンにごま油を熱し、にんじん、キャベツ、きくらげ、もやし、ニラの順に加えて強火で炒め、Aを加えて手早く混ぜてからませ、皿に盛る。

福田から一言

調味料をあらかじめ合わせておくのが失敗しないポイント。火を怖がらずに、強火で手早く炒めれば、歯ごたえ良くシャッキリ仕上がります。

特別な調味料は使ってません。スーパーで買ってくるので十分

料理の基本がわかってきたら、味を自分好みにアレンジしたくなるはず。例えばだしを鶏ガラにすれば中華風になるし、薬味もいろいろ揃えれば、味に変化がついて楽しいですよ～。

液体だし

量を調整しやすく、便利。かつおや昆布など、自分の好みに合わせて選んでください。

鶏ガラスープの素

スープはもちろん、炒めものの味がちょっと足りないときに足すと、コクが増します。

練りわさび

わさびも好きなんで、いつも結構な量を使っています。和風のつまみには欠かせません。

豆板醤

ちょっと加えるだけで、中華風味に大変身。ピリ辛が好きなんで、よく使います。

コチュジャン

韓国の「唐辛子味噌」。辛くてコクのあるいい味です。でも、入れすぎにはご注意を！

島唐辛子ペースト

沖縄では、刺身を食べるときわさび代わりに使います。鍋の薬味に使ってもうまい！

柚子こしょう

ピリッとさわやかな、ひとり鍋の必需品。冷凍保存すると、風味が長持ちします。

第四章
スーパー、コンビニで食材探し

スーパー行くと、テンション上がりませんか？
「もうタケノコ出てんのや。春だなぁ～」とか、
「おっ、これ半額やで！」とか、
いつも小さな発見がいっぱいあって、
ほんま楽しい場所やなぁ～と思います。
コンビニはもう、とりあえず毎日寄りますね。
ビール買ったり、さけるチーズ買ったり。
新商品とか、今まで知らなかった食材を見ると、
「こうしたらおいしいんちゃうかな～」って
ついつい考えてしまいます。

スーパーでメイン食材を探す

メイン食材 その1

うなぎ

大阪にいた頃、近くのスーパーでは夕方になると、うなぎのかば焼きの半額タイムセールをやってたんですよ。豪勢やし、嬉しくてよく買っては、アレンジを考えました。

「引っ越し先は、最寄りスーパーの充実度で選べ！」というのが僕の持論です。理想を言えば、〝夜11時までやっている、品揃えのいいスーパー〟と、〝品揃えや鮮度はそこそこだけど、24時間営業してる安めのスーパー〟と、2軒あれば言うことなしやね。大阪時代は、近くのスーパーがえらい充実してたんですよ。新鮮な食材が揃ってて、夕方からのタイムセールも景気が良くて……。そこでスーパーの魅力に開眼しました。旬の食材は旨いし安いし、食べない手はないですよ！　特売品をどう工夫したら旨いか……なんて、考え出したら止まらない。めっちゃスーパーライフを満喫してます。

福田から一言

だしの味を、ちょっと甘めにととのえるのがポイント。水菜は火を通しすぎず、“ハリハリッ”とした歯ごたえを楽しんでください。

うなぎのハリハリ鍋

かば焼きだけだと口さびしいな……ってときに思いついたメニュー。
大阪時代は、後輩らも呼んで一緒につついたりしたなぁ～。

材料

うなぎ（かば焼き）…… 1串
水菜 …… 1/2袋（約100g）
水 …… 1カップ
かば焼きのたれ …… 大さじ1と1/2
液体だし …… 小さじ1/2
酒 …… 小さじ1
塩 …… 少々

作り方

1. うなぎは食べやすい大きさに切り、水菜は7cm長さに切る。
2. 鍋に水、液体だし、かば焼きのたれ、酒を入れて煮たて、うなぎと水菜を加えて軽く煮こみ、塩で味をととのえる。

うなぎのピカタ

うなぎのコクと、まろやかさに卵がよく合うんです。
衣でボリュームアップするから、かなり食べごたえありますよ！

材料

うなぎ（かば焼き）…… 1/2 串

溶き卵 …… 1 個分

小麦粉 …… 適量

サラダ油 …… 適量

かば焼きのたれ …… 適量

作り方

1. うなぎは小麦粉を薄くはたき、溶き卵にくぐらせる。
2. フライパンにサラダ油を熱し、1 の両面を焼く。この工程を 2 ～ 3 回繰り返す。
3. 皿に盛り、かば焼きのたれをかける。

福田から一言

これ実は、かなりのおすすめメニュー。うなぎ自体は少なめでも満足感があります。男らしく大きいまま作ったけど、一口大に切って焼いても OK。

うなぎのトマトソース、ホイル焼き

うなぎだけじゃなく、野菜も食べな……ってときにおすすめ。
オーブントースターで手軽にできます。

材料

うなぎ（白焼き）…… 1/2 串
トマトソース（市販のもの）…… 大さじ 3
玉ねぎ …… 1/8 個
ブロッコリー …… 小房 3 個分
オリーブオイル …… 少々
粉チーズ …… 適量

作り方

1. うなぎは食べやすい大きさに切り、玉ねぎは薄切りにする。ブロッコリーは塩（分量外）を加えた湯でゆでておく。
2. アルミホイルを広げ、オリーブオイルを薄く塗り、半量のトマトソース、玉ねぎ、うなぎをのせる。上から残りのトマトソースをかけ、ブロッコリーをのせて包む。
3. オーブントースターで 7 分ほど焼き、粉チーズをかける。

2

2

福田から一言

ソースがこぼれないよう、アルミホイルで舟形を作って包み込みます。ブロッコリーの代わりにグリーンアスパラなどでも。

マグロのカツ

刺身で食べきれなくても、火を通せばおいしいカツに。
さく買いすれば、とんかつサイズでダイナミックに作れます。

材料

マグロ …… 1/2 さく
塩 …… 少々
こしょう …… 少々
小麦粉 …… 適量
溶き卵 …… 1個分
パン粉 …… 適量
サラダ油 …… 適量
辛子じょうゆ …… 適量

作り方

1. マグロは食べやすい大きさに切り、塩、こしょうで下味をつける。
2. 小麦粉、溶き卵、パン粉の順に衣をつけ、170℃に熱したサラダ油で揚げる。
3. 皿に盛り、辛子じょうゆを添える。

福田から一言

パン粉は、ビニール袋に入れて軽く手でもみ、きめ細かくしておくのがおすすめ。身がパサつくので、揚げすぎにご注意ください。

メイン食材 その2

マグロ

マグロは絶対、「さく」で買ってほしいです。好みの厚さに切れるから、食べ方の選択肢も広がるし、何より自分で「刺身をひく」のって、めっちゃ楽しいんですよ。

マグロのヅケ

お寿司屋さんに教えてもらった、
特製ヅケレシピ。
味がじっくり染みこんで、
たまらん旨さですよ～。

材料

マグロ …… 1/2 さく

A
- しょうゆ …… 大さじ 4
- 酒（煮切ったもの）…… 大さじ 2
- みりん（煮切ったもの）…… 大さじ 2

作り方

1. マグロは、さくごと熱湯をかけて霜降りにし、キッチンペーパーで包む。
2. ボウルに A を入れ、混ぜる。
3. 2 に 1 を入れ、4～5時間ほど漬けこむ。
4. 食べやすい大きさに切り、いただく。

福田から一言

酒とみりんは、小鍋で沸騰させてアルコール分を飛ばし、煮切ったものを使用します。キッチンペーパーで包むと均一に漬かります。

ねぎま

長ねぎをあぶって、
軽く焦がしておくのがポイント。
外は香ばしくて、中はトロ～リ。
甘辛い割り下とよく合うねん。

材料

マグロ …… 1/2 さく
長ねぎ …… 1/3 本

A
- 水 …… 1/2 カップ
- 液体だし …… 小さじ 1/3
- しょうゆ …… 大さじ 1
- みりん …… 大さじ 1
- 砂糖 …… 小さじ 1

作り方

1. マグロは食べやすい大きさの角切りにする。長ねぎは 3cm 長さに切り、魚用の焼き網で焼く。
2. 鍋に A を入れて煮たて、マグロと長ねぎを加えて 3～4 分煮る。

メイン食材 その3

ウインナー

ばあちゃんが初めて「シャウエッセン」ゆでてくれたときの感動は忘れられんわ〜。「世の中にこんな旨いもんあったんや！」って本気で思いましたもん。福田少年の味の世界が広がった瞬間でした……。

ウインナーグラタン

ホワイトソースがなくても作れる、グラタン風のお手軽メニュー。
ブロッコリーが焦げやすいから、気持ち多めにチーズのせてな。

材料

ウインナー …… 2本
玉ねぎ …… 1/8個
エリンギ …… 1本（小さめのもの）
じゃがいも …… 1/4個（50g）
ブロッコリー …… 小房5個分
バター …… 適量
塩 …… 少々
こしょう …… 少々
A
- 卵黄 …… 1個分
- 生クリーム …… 1/4カップ
- 顆粒コンソメ …… 少々

ピザ用チーズ …… 適量

作り方

1. ウインナーは1cm幅に切り、玉ねぎ、エリンギは1.5cm角に切る。じゃがいもは1.5cm角に切って水にさらし、電子レンジ（500W）で1分30秒加熱する。ブロッコリーは塩（分量外）を加えた湯でゆで、小さくちぎる。Aはボウルで混ぜておく。
2. フライパンにバターを熱し、ウインナー、玉ねぎ、エリンギ、じゃがいもを炒め、塩、こしょうで下味をつける。
3. バター（分量外）を薄く塗った耐熱皿に2を入れ、ブロッコリーをのせる。
4. Aを注ぎ、ピザ用チーズをのせる。180℃に温めたオーブンで10～12分焼く。

BIGタコさんウインナーステーキ

でっかいタコさんも、
ミニタコさんもてんこ盛り！
若き福田少年に見せてやりたいな〜。

材料

ウインナー
（サイズ、種類、味を取り混ぜたもの）
……好みの量
サラダ油 …… 少々
塩 …… 少々
こしょう …… 少々

作り方

1. ウインナーは、好みの大きさに切り、片側に十文字の切り込みを入れる。
2. フライパンにサラダ油を熱し、1を炒める。
3. 塩、こしょうで味をととのえ、器に盛る。

タコさんウインナー串カツ

揚げてもやっぱり、“タコさん”。
細かめのパン粉を使うと、揚げやすいで。

材料

ウインナー …… 好みの量
小麦粉 …… 適量
溶き卵 …… 1個分
パン粉 …… 適量
サラダ油 …… 適量

作り方

1. ウインナーは、片側に十文字の切り込みを入れ、竹串を刺す。パン粉は、ビニール袋に入れ、上からめん棒などを転がしてキメ細かくしておく。
2. 小麦粉、溶き卵、パン粉の順に衣をつけ、170℃に熱したサラダ油で揚げる。

コンビニで買える食材でもおいしいつまみが作れる

都会に住んでると、なんだかんだ言ってコンビニが一番身近な店になってしまいますよね。帰りが遅いとスーパーは閉まっちゃうので、コンビニには必ず寄ります。パック売りの焼酎買ったり、発泡酒買ったり、ちょっとした冷蔵庫代わりみたいなもんかもなぁ。最近のコンビニって、えらい品揃えがいいんでびっくりしますよね。つまみだって乾きもんだけじゃなくて、生ハムとかキムチまで売ってますもん。でも、そのまま食べたんじゃやっぱり芸がない気がして、ひと手間加えます。料理ってほどのことじゃなくても、自分で工夫したものって、断然おいしく感じると思うんだよなぁ〜。

さつま揚げバター

コラッ！　誰がさつま揚げや！
熱々バターからめたら旨いやろが！

材料

さつま揚げ …… 好みの量
バター …… 適量

作り方

1. 小さめのフライパン（もしくは鉄板）を熱し、さつま揚げを焼く。
2. 熱いうちにバターをからめる。

とろけるチーズ焼き

チーズからジワッと出る油でパリッと揚げるイメージ。ホットプレートで作ってもOK。

材料

とろけるチーズ（スライス）…… 好みの量

作り方

1. テフロン製のフライパンにとろけるチーズをのせ、弱めの中火にかける。溶けたチーズから出た油で、パリッとなるまで焼く。

魚肉ソーセージの卵とじ

小学生の頃、仮面ライダーの魚肉ソーセージが好きやったなぁ～。今でもよく買いますよ。

材料

魚肉ソーセージ …… 1本
溶き卵 …… 1個分
玉ねぎ …… 1/8個
A
- 水 …… 1/3カップ
- 液体だし …… 小さじ1/4
- 酒 …… 小さじ1
- 砂糖 …… 小さじ1/2
- 薄口しょうゆ …… 小さじ2/3

作り方

1. 魚肉ソーセージは斜め切りにする。玉ねぎは薄切りにする。
2. 鍋にAを入れて煮たて、1を入れて3分ほど煮る。
3. 溶き卵を回しかけ、ふたをして1分ほど煮る。

冷奴のサバ缶のせ

サバ缶のポテンシャルを
しみじみ感じる一品。
しょうがの風味が効いてます。

材料

木綿豆腐 …… 1/2 丁

サバ缶 …… 1/2 缶

しょうがのすりおろし …… 適量

作り方

1. 豆腐は食べやすい大きさに切って皿に盛る。
2. ほぐしたサバ缶を上にのせ、缶汁をかけ、しょうがのすりおろしを添える。

「じゃがりこ」の牛乳煮

元がスナックとは思えない
ポテサラ風味の仕上がり。
「これ、な〜んだ？」って
クイズ出したら
おもろいかもね。

材料

「じゃがりこ」…… 1 パック

牛乳 …… 120ml

作り方

1. 鍋で牛乳を沸かし、「じゃがりこ」に注ぐ。
2. 6 〜 7 分そのままおき、よくかき混ぜて皿に盛る。

目玉焼きコーンバター

**コーンバターも目玉焼きも大好きなんで、欲張ってみました。
黄色、白、黄色って並ぶと、見た目もかわいらしいでしょ。**

材料

コーンの缶詰
……１缶（約 130g）
玉ねぎ（大）…… 適量
卵 …… １個
バター …… 適量
しょうゆ …… 適量
塩 …… 適量
こしょう …… 適量

作り方

1. 玉ねぎは 1cm 厚さの輪切りにし、一番直径の大きなリングを使う。
2. フライパンにバターを熱し、コーンを炒め、しょうゆ、塩、こしょうで味をととのえる。
3. 別のフライパンにサラダ油（分量外）を熱し、玉ねぎリングを焼く。リングの内側に卵を割り入れ、丸い目玉焼きを作る。
4. 3 を皿にのせ、まわりに 2 を盛りつける。

福田から一言

玉ねぎを輪切りにして、中心の一番大きな輪っかを枠にすると、まん丸の目玉焼きが焼けます。枠の玉ねぎも食べられるのが、またいいですね。僕は固めが好きだけど、卵の焼き加減はお好みで。

家に常備している〝使える〟食材

帰りにスーパーに寄れなかった夜でも、突然誰かが遊びにきたときでも、急に夜中に呑みたくなっても、「常備食材」さえあれば大丈夫。僕は、缶詰や乾きものなど、日持ちがいいものをストックしてます。どれも応用が効いて、パパッとアレンジできる優れものですよ〜。

ツナ缶

さっぱりヘルシー、カルシウムもたっぷり。スーパーの安売りでまとめ買いすることも。

のり＆韓国のり

つまみに散らしたり、クルッと巻いたり、何かと役立ちます。そのまま食べても旨いしね。

納豆

関西人なのに、「納豆が離乳食」だった僕。母親が関東出身なので、馴染みがあるんですよ。

キムチ

何に入れても大体おいしくなるから、重宝します。最近はコンビニでも売ってますよね。

鮭フレーク

保存しやすいので、瓶詰のタイプがおすすめ。鮭の旨味が、ギュッと凝縮されています。

さけるチーズ

そのまま食べてもいいし、のりなんかを巻いても旨い。冷蔵庫にあるとついつい手が伸びます。

塩昆布

細切りタイプが、使いやすくておすすめ。旨味が強いので、和風の和えものによく使います。

第五章
ひとりスープ＆ひとり鍋

男がひとりで作る料理って、
どうしても炒めもんとか、ラーメンとか、
ガッツリ、ジャンクに走りやすいですよね。
でもやっぱり体型とか、体脂肪率も気になる昨今……
僕は、スープや鍋をよく作ってます。
だしとって、好きな具入れて火にかけて、
ちょっと呑んでたら、すぐできちゃいますから。
ほんまの初心者でも、
一番簡単に作れる料理なんちゃうかなぁ。
最近は、ひとり用の土鍋なんかも
いっぱい売ってるし、おすすめです。

簡単に心が温まる具だくさんスープ

汁物って、飲むとなんだかホッとするからよく作ります。煮れば野菜もいっぱい食べられるし、身体もポカポカあったまるしね。思えば実家では、ご飯には汁物がついてたな～。汁物って聞くと、決まって思い出すのが、落とし卵の味噌汁。朝、味噌汁飲もうと思って鍋見ると、必ず菜っぱに卵の白身がベチャッと付いてるんですよ。それがほんまイヤで！　まぁ犯人は、落とし卵汁が大好きな親父なんですけどね。今思えばなんてことない話なんだけど、当時は毎朝「あいつめ～！」って思ってました。僕も若かったなぁ～。たわいもない話やけど、なぜか思い出に残る福田家の一コマですね。

いろいろきのこ汁

きのこの味って、それぞれ個性がありますけど、
まとまると、びっくりするほど深い味になりますよね。
いろんなきのこで試してみると、
風味が変わっておもろいですよ。

材料

きのこ（しめじ、
エリンギ、しいたけ、
まいたけ、えのきなど
お好みのもの）…… 100g
鴨肉 …… 50g
だし汁 …… 180ml
薄口しょうゆ
…… 小さじ 1 と 1/2
みりん …… 小さじ 1/2

作り方

1. きのこは食べやすい大きさに切り、鴨肉は薄めのそぎ切りにする。
2. 鍋にだし汁を煮たて、きのこと鴨肉を入れてしばらく煮る。
3. しょうゆとみりんで味をととのえる。

トマトスープ

**トマトジュースを使うから、めっちゃ手早く作れます。
ベーコンをじっくり炒めて、しっかり旨味を出してください。**

材料

トマトジュース …… 1/3カップ
ベーコン …… 1枚
玉ねぎ …… 1/8個
マッシュルーム …… 2個
水 …… 1/2カップ
コンソメスープの素（顆粒）…… 小さじ1/2
塩 …… 少々
こしょう …… 少々
オリーブオイル …… 少々

作り方

1. ベーコンは1cm幅、玉ねぎは1cmの角切り、マッシュルームは薄切りにする。
2. 鍋にオリーブオイルを熱し、ベーコン、玉ねぎ、マッシュルームの順に炒める。
3. 2にトマトジュースとコンソメスープの素を入れ、5分ほど煮る。
4. 水を加え、塩、こしょうで味をととのえる。

福田から一言

冷蔵庫に余ってる野菜を適当に刻んで入れてもOK。ベーコンからいいだしが出るから、気軽に作れるスープです。

ピリ辛豚汁

今日は疲れたなぁ、スタミナつけな！ と思ったときに
よく作ります。ピリ辛で野菜もたっぷり。元気出ますよ〜。

材料

豚バラ肉（薄切り）…… 2 枚
ごぼう …… 8cm
にんじん …… 15g
長ねぎ …… 5cm
木綿豆腐 …… 1/5 丁
だし汁 …… 1 カップ
コチュジャン …… 小さじ 1/2
合わせ味噌 …… 小さじ 2
ごま油 …… 適量

作り方

1. 豚バラ肉は 3cm 幅、ごぼう、にんじんは太めのささがき、長ねぎは 1cm 幅の小口切りにする。
2. 鍋にごま油を熱し、豚バラ肉を炒める。軽く火が通ったら、コチュジャンを加え香りが立つまで炒める。
3. だし汁、ごぼう、にんじんを加え、やわらかくなるまで煮る。
4. 手で大きく崩しながら木綿豆腐を入れる。
5. 合わせ味噌を溶かし、長ねぎを入れて火を止める。

福田から一言

コチュジャンは香りが命。よ〜く炒めて、しっかり香りを出すのがポイント。辛めが好きな人は、コチュジャンの分量を増やしてください。

味噌汁バリエーション

この味噌汁３種は、小さい頃から
よく飲んでいる思い出の味です。
京都は白味噌のイメージが強いけど
僕は赤だしが好きだったりします。

納豆汁

材料

ひきわり納豆 …… 1/2 パック
なめこ …… 1/4 袋
煮干しでとっただし汁 …… 3/4 カップ
合わせ味噌 …… 大さじ 1/2

作り方

1. 鍋にだし汁を入れて沸かし、ひきわり納豆、なめこを入れて軽く煮る。
2. 合わせ味噌を溶かし、火を止める。

落とし卵汁

材料

卵 …… 1 個
小松菜 …… 1 株
煮干しでとっただし汁 …… 3/4 カップ
合わせ味噌 …… 大さじ 1/2

作り方

1. 小松菜は 3cm の長さに切る。
2. 鍋にだし汁を入れて沸かし、小松菜を入れて軽く火を通す。
3. 合わせ味噌を溶かし、卵を割り入れ、お好みの固さに仕上げて火を止める。

じゃがいもと玉ねぎ

材料

じゃがいも …… 1/4 個
玉ねぎ …… 1/8 個
煮干しでとっただし汁 …… 180ml
赤だし味噌 …… 小さじ 2

作り方

1. じゃがいもは 1cm の厚さに切り、水にさらす。玉ねぎは薄切りにする。
2. 鍋にだし汁とじゃがいもを入れて火にかけ、玉ねぎを加えて煮る。
3. じゃがいもがやわらかくなったら、赤だし味噌を溶かし、火を止める。

にんにく・ワカメスープ

ワカメは、身体にも髪にもいいからドバッと入れます。
ヘルシーなのに、にんにくパワーでスタミナもバッチリ。

材料

にんにく（スライス）
…… 1/2片分
ワカメ（塩蔵）…… 6g
溶き卵 …… 1/2個分
水 …… 3/4カップ
鶏ガラスープの素（顆粒）
…… 小さじ1/2
ごま油 …… 小さじ1弱
塩 …… 少々
粗びき黒こしょう …… 少々

作り方

1. ワカメは水（分量外）で戻し、食べやすい大きさに切っておく。
2. 鍋にごま油とにんにくを入れて火にかけ、香りが立ったら水、鶏ガラスープの素を加える。
3. 煮たったら塩で味をととのえ、1を加え、溶き卵を回し入れる。
4. 器に盛り、粗びき黒こしょうをかける。

福田から一言

にんにくは、香りが出るまでじっくり炒めてください。溶き卵を入れたら、すぐ火を止めて余熱で仕上げると、卵がフワッとなります。

チゲスープ

せっかくチゲを作るなら、
思いっきり辛めにするのが僕好み。
石焼きビビンバの器でグツグツ煮れば
身も心もあったまりますよ〜。

材料

タラ（切り身）…… 1/2 切れ
アサリ …… 50g
白菜キムチ …… 40g
木綿豆腐 …… 1/6 丁
長ねぎ …… 1/4 本
えのき …… 1/7 袋
豆もやし …… 1/8 袋
ぜんまい（水煮）…… 20g
にんにくのすりおろし …… 少々

A
- 水 …… 1 と 1/4 カップ
- 鶏ガラスープの素（顆粒）…… 小さじ 1
- 酒 …… 大さじ 1
- コチュジャン …… 小さじ 2
- しょうゆ …… 小さじ 1
- 豆板醤 …… 小さじ 1/3
- 赤唐辛子（輪切り）…… 少々

ごま油 …… 適量

作り方

1. タラ、白菜キムチ、木綿豆腐、長ねぎ、えのきは食べやすい大きさに切る。豆もやしは軽く水で洗っておく。アサリは砂抜きし、殻をこすり合わせて水でよく洗っておく。
2. 鍋にごま油を熱し、白菜キムチを軽く炒める。
3. アサリと A を加えて煮る。
4. 煮立ったら、タラ、木綿豆腐、長ねぎ、えのき、豆もやし、ぜんまい、にんにくのすりおろしを加えて 2 〜 3 分煮込む。

福田から一言

最初にキムチを炒めることで、風味がアップします。辛味は、コチュジャンの量で調整してください。

鮭フレークの冷汁

鮭フレークがあれば、なんちゃって冷汁がすぐに完成。
冷蔵庫でキンキンに冷やしてどうぞ。夏バテ時期にもおすすめです。

材料

鮭フレーク …… 1/3 びん
きゅうり …… 1/4 本
みょうが …… 1/2 個
大葉 …… 2 枚
しょうが（みじん切り）
…… 小さじ 1/2
木綿豆腐 …… 1/6 丁
練りごま（白）
…… 大さじ 1/2
すりごま（白）
…… 大さじ 1/2
だし汁 …… 3/4 カップ
合わせ味噌 …… 小さじ 2 強

作り方

1. 鍋にだし汁を煮たて、火を止めて合わせ味噌を溶かす。粗熱が取れたら練りごまを混ぜ、冷蔵庫で冷やす。
2. きゅうりは薄切りにしてから、塩（分量外）で軽くもむ。みょうがは薄切り、大葉はせん切りにする。木綿豆腐は、キッチンペーパーに包んで水切りをしておく。
3. 1に豆腐以外の 2 と鮭フレーク、しょうがを加え混ぜる。
4. 手で崩しながら木綿豆腐を入れ、すりごまを加えて軽く混ぜ、器に盛る。

福田から一言

大葉やみょうが、しょうがなどの香味野菜は、好みで量を調整してください。ちなみに僕は、どっさり入れるのが好きです。

水ぎょうざしっかり煮込みスープ

このメニューに限っては、完成時のビジュアルは無視！
皮がトロトロになって、崩れるまで煮こんでみてください。

材料

ぎょうざ（市販品）…… 4 個
だし汁 …… 1 と 1/2 カップ
塩 …… 少々
しょうゆ …… 少々
こしょう …… 少々
あさつき …… 適量

作り方

1. あさつきは小口切りにする。
2. 鍋にだし汁を煮たて、塩、しょうゆで味をととのえ、ぎょうざを入れ、皮がとろけるまでよく煮る。
3. 器に盛り、こしょうをふり、あさつきをたっぷりのせる。

福田から一言

スープの味は、やや濃いめがおすすめ。ぎょうざに味が染みておいしくなります。あさつきとこしょうは、たっぷりかけて。

全然さびしくないひとり鍋

ひとり鍋が好き、って言うと、なぜか「さびしくて、かわいそうな奴なんやなぁ……」って、ネガティブイメージを持たれがちじゃないですか。「なんでやねん！」と、声を大にして僕は言いたい！　だって、ひとり鍋するってめっちゃ贅沢な時間ですよ。自分が食べたい具を、好きなだけ食べられる。誰にも気を遣わなくていいから、自分の呑むペースに合わせてのんびりつまめばいいしね。大勢でワイワイ騒ぎながら食べる鍋は、それはそれでもちろん楽しいですよ。でも、それとひとり鍋の楽しさは、全く別もんじゃないですか。もっと、ひとり鍋の魅力が、多くの人に伝わればいいのになぁ〜。

イカスミ鍋

沖縄で食べてから、すっかりハマってしまったイカスミ鍋。
見た目はグロいけど、
魚介の旨味たっぷりのゴージャスな味です。

材料

イカスミパスタソース
（市販のもの／レトルト）…… 1 袋
ベーコン …… 1 枚
玉ねぎ …… 1/8 個
トマト …… 1/2 個
エビ …… 1 尾
ホタテ …… 2 個
タコ（ぶつ切り）…… 5 個
イカ …… 1/3 杯
水 …… 180ml
コンソメスープの素（顆粒）
……小さじ 1/2
塩 …… 少々
こしょう …… 少々
オリーブオイル …… 適量

作り方

1. トマトは湯むきをし、種を取って5mm の角切り、玉ねぎはみじん切り、ベーコンは 5mm 幅の細切りにする。
2. 鍋にオリーブオイルを熱し、ベーコン、玉ねぎ、トマトの順に炒める。
3. イカスミパスタソース、水、コンソメスープの素を加えて火にかけ、沸騰したらエビ、ホタテ、タコ、イカの順に加えて煮る。
4. 塩、こしょうで味をととのえる。

福田から一言

本格イタリアンのイカスミも、パスタ用の便利なレトルトソースを使えば、家でも簡単に作れます。

日本酒だけ鍋

**パック売りのやっすい日本酒でええから、惜しまず使って！
梅干しのほのかな酸味と、イワシの相性はサイコーですね。**

材料

酒 …… 1 と 1/2 カップ
イワシのつみれ団子（市販のもの）
…… 3 個
油揚げ …… 1/4 枚
しめじ …… 1/4 パック
長ねぎ …… 1/4 本
レタス …… 2 ～ 3 枚
昆布 …… 5cm 角
梅肉（つぶしたもの）
…… 1/2 ～ 1 個分
薄口しょうゆ
…… 大さじ 1 ～ 1 と 1/2

作り方

1. 油揚げは熱湯を回しかけて油抜きをし、1cm 幅の短冊切りにする。長ねぎは斜め切り、レタスは食べやすい大きさに切る。しめじは小房に分ける。
2. 土鍋に日本酒と昆布を入れ、沸騰させてアルコール分をよく飛ばす。
3. 梅肉を入れて混ぜ、薄口しょうゆで味をととのえる。
4. イワシのつみれ団子、油揚げを加えて一煮立ちさせ、しめじ、長ねぎを加えて煮る。
5. レタスを加え、軽く火が通ったらいただく。

福田から一言

しっかり沸騰させて、アルコール分を完全に飛ばすのがコツ。イワシからアクが出るので、こまめにアクを取りながら煮てください。

いろんなおろし鍋

大根だけじゃなく、にんじん＆玉ねぎもガシガシおろします。甘味がギュッと濃縮されて、身体もポカポカになりますよ〜。

材料

大根 …… 7cm（約 200g）
にんじん …… 1/3 本
玉ねぎ …… 1/6 個
昆布とかつおぶしでとっただし汁 …… 1/2 カップ
ブリ（刺身用の切り身）…… 5 切れ
焼き豆腐 …… 1/3 丁
薄口しょうゆ …… 大さじ 1/2
塩 …… 小さじ 1/2
あさつき …… 適量

作り方

1. 大根、にんじん、玉ねぎはすりおろす。あさつきは小口切りにする。焼き豆腐は食べやすい大きさに切る。
2. 土鍋に昆布とかつおぶしでとっただし汁を煮たて、大根、にんじん、玉ねぎを加える。
3. アクを取りながら、3 分ほど煮る。
4. 薄口しょうゆ、塩を加えて味をととのえ、焼き豆腐、ブリを加えて煮る。
5. あさつきをたっぷりのせていただく。

福田から一言

野菜の水分で薄まるので、だしは濃いめにとってください。大根は、すりおろしたあとすぐに火を通すこと。より甘味が強くなります。

かつおと昆布を入れたまま鍋

だしをとったあと、ガラを取り出すのが面倒なときってありません？
これは「だしで頑張った分、楽しよう！」っていう鍋です。

材料

昆布 …… 6cm 角
糸がつお …… 3g
水 …… 2カップ
豚バラ肉（薄切り）…… 80g
水菜 …… 1/2 袋
にんにく …… 1片
赤唐辛子 …… 1本
めんつゆ …… 適量

作り方

1. にんにくは包丁の背の部分で叩きつぶす。赤唐辛子は種を取る。豚バラ肉、水菜は食べやすい大きさに切る。
2. 土鍋に水、昆布、にんにく、赤唐辛子を入れて火にかける。沸騰したら糸がつおを加える。
3. 豚バラ肉、水菜を加えて煮こみ、めんつゆをつけながらいただく。

福田から一言

辛めの味が好きな人は、赤唐辛子を増やしてもOK。糸がつおをたっぷりからめながら、具と一緒に食べてください。

豆乳鍋

ばあちゃんが湯葉好きだったんで、豆乳も好きになりました。
だしは手軽なめんつゆで。その分鶏肉だんごには手間かけてます！

材料

豆乳 …… 3/4 カップ
水 …… 3/4 カップ
めんつゆ（3 倍濃縮タイプ）
…… 大さじ 1 ～ 1 と 1/2

A：鶏肉だんご
- 鶏ひき肉 …… 80g
- 酒 …… 小さじ 1
- 水 …… 大さじ 1
- 合わせ味噌 …… 小さじ 3/4
- 山いものすりおろし …… 大さじ
- 片栗粉 …… 小さじ 1
- にんにくのすりおろし …… 少々
- しょうがのすりおろし …… 少々

白菜 …… 1 枚
にんじん …… 1/4 本（約 25g）
しいたけ …… 1 個
乾燥湯葉（3 × 4cm くらいのもの）
…… 2 個
ポン酢 …… 適量
あさつき …… 適量
もみじおろし …… 適量

作り方

1. 白菜はざく切りにして、葉と芯を分けておく。にんじんは短冊切り、しいたけは厚めの薄切りにする。ボウルに A を入れ、よく混ぜる。
2. 土鍋に水とめんつゆを入れ、火にかける。沸騰したら、スプーンですくった A を落としながら煮る。
3. にんじん、白菜の芯、しいたけ、白菜の葉、湯葉を順に加えて煮る。
4. にんじんがやわらかくなったら豆乳を加え、沸騰しない程度に温めながらいただく。ポン酢、あさつき、もみじおろしをお好みでつける。

福田から一言

鶏肉だんごは、山いもを入れてユルめに作ると、フワッとした口当たりになります。生じょうゆとしょうがで食べるのもおすすめ。

豚肉とキャベツのごまだれ鍋

「あっ、担々麺の味や！」って思ってもらえたらこっちのもん。
豚肉とキャベツをたっぷり重ねて、ごま風味で仕上げました。

材料

キャベツ …… 1/5個
豚バラ肉
（しゃぶしゃぶ用の薄切り）
……80g
にんにくのすりおろし …… 少々
塩 …… 少々

A：ごまだれ
- 水 …… 1/4カップ
- 液体だし …… 小さじ2/3
- 練りごま（白）…… 大さじ2
- しょうゆ …… 大さじ1と1/2
- 酢 …… 小さじ1/3
- 砂糖 …… 小さじ1/3
- ラー油 …… 小さじ1
- ごま油 …… 小さじ2/3

作り方

1. キャベツは芯の部分を半分に切る。ボウルにAを入れ、混ぜておく。
2. 切ったキャベツを2枚重ね、豚バラ肉を上に重ね、塩少々をふり、少量のにんにくを塗る。この工程を何度か繰り返す。
3. 鍋の深さに合わせて2を切り、切り口を上にして鍋に詰める。
4. 3にAを回しかけ、中火にかける。沸騰したら弱火にし、ふたをして10～15分煮る。

福田から一言

豚の臭みを消すために、下味をしっかりつけてください。重ねた肉とキャベツを鍋に入れるときは、手でギュウッと押し込んでしまってOKです。

料理番組を観るのは好きです。何度観ても飽きない

家で呑んでるときは、大抵料理の番組やDVDを観てます。一番よく観てるのはやっぱり、『料理大学』やね。例えば〝切る〟っていうテーマだったら、包丁の種類や持ち方から始まって、魚のおろし方なんかまで、丸々1時間半かけて、淡々と解説してるんですよ。教える先生も畑耕一郎さんっていう偉い方で、内容は100％プロ向け。「すげー！」「なるほどな〜」って、ひとりでワイワイテレビに話しかけながら呑んでます。僕の声だけ聞いてたら、観てるのが真面目な料理番組とは絶対に気づかれないだろうな〜。それくらいテンション上がってます。

『美味しんぼ』の影響もあって、料理の技法やうんちくなんかにすごく興味があるので、ほんま、何回見ても飽きないんです。

『イシバシ・レシピ』も大好きで、毎回楽しみに観てました。シーズン1と2はDVDがあるからいつでも観れるけど、シーズン3のDVDが出てないんです。いつか発売されるといいなぁ〜。あと、忘れられないのはBSフジで放映してた『高画質食通TV 寿司』。いろんな寿司を、ハイビジョンでめちゃめちゃ美しく撮影する、っていう番組なんですけど、ほんま素晴らしかったです。再放送があれば、絶対録画するんやけどなぁ〜。

DVD「イシバシ・レシピ」前編・後編

各3枚組￥4,935（税込）
製作著作・発売元：TBS
販売元：ポニーキャニオン

DVD「イシバシ・レシピ2」

3枚組￥4,935（税込）
製作著作・発売元：TBS
販売元：ポニーキャニオン

『高画質食通TV 寿司』

2001年8月19日より、BSフジにて放送されていた「ハイビジョンで寿司を撮る」というコンセプトの料理番組。1時間番組のほか、短縮版の5分版、30分版など様々なバージョンが存在し、特定の放送時間を決めずに何度も再放送していたらしい。PART 5まで存在し、最後の放映日は2007年3月18日。DVDは未発売。

『料理大学』

日本料理、西洋料理、中国料理、製菓、製パンなど、ジャンルを問わず料理の基礎からプロのテクニックまで、料理の神髄を余すところなく伝える超本格派料理番組。現在も放映中。

放送：スカイ・Aスポーツプラス
放送時間：月・水・金曜 11:30〜13:00 ※編成の都合により、時間は変更の可能性あり（2010年2月現在）。

第六章 たまには時間をかけてじっくり煮込み

自分の中の〝料理欲〟を満たしたいとき、
よく煮込み料理を作ります。
〝食べたい〟っていうよりも、
〝作りたい！〟っていう欲求のほうが
僕の場合は強いんですよね。
ええ感じに酔っぱらって、
ゴキゲンなまま、深夜にスジ煮込んで。
朝、気がついたら黒焦げ！　なんてときには
ガツンと落ち込みますけど……。
でも、呑みながら作った煮込みって、
やっぱり旨いと思うんですよ。
なんでなんかな〜。不思議やな〜。

牛スジ肉の煮込み

『美味しんぼ』にも出てくるスジ肉の煮込み。
やっぱり手間と時間がかかるから、
一度にたくさん作っておいて、いろんな料理に使います！

材料（作りやすい分量）

牛スジ肉 …… 1kg 強
しょうが（スライス）
…… 適量
長ねぎ（青い部分）…… 適量
酒 …… 1/2 カップ
砂糖 …… 大さじ 1～2
しょうゆ …… 1/2 カップ
みりん …… 1/2 カップ

作り方

1. 牛スジ肉は水でよく洗う。大きめの鍋に湯を沸かし、15 分ほど下ゆでし、さらによく洗って汚れを落とす。
2. 1 を一口大に切り、再び熱湯で 1～2 回ゆでこぼす。
3. 鍋に 2、しょうが、長ねぎ、ひたひたにかぶる程度の水（分量外）を入れて火にかける。沸騰したら弱火にし、アクと脂を取りながらやわらかくなるまで 1～2 時間ほど煮る。
4. 一度冷まし、表面に固まった白い脂を取りのぞく。
5. 鍋に 4 を入れ、ひたひたにかぶる程度まで水（分量外）を足し、酒、砂糖、しょうゆ、みりんを加えて火にかける。沸騰したら弱火にし、30 分～1 時間ほど煮る。

福田から一言

とにかくトロトロになるまで煮る。圧力鍋を使うと時間が短縮できます。

他の料理にも使うので、ここではあえて薄味に仕上げています。好みに合わせて適宜味を調節してください。

牛スジ肉の煮込みを使って……

バリエーション1 スジかき揚げ

トロッとしていない、肉の部分を使ってかき揚げに。
にんにくが香ばしくて、またビールがすすんでしまうわ～。

材料

牛スジ肉の煮込み …… 100g
にんにく …… 2片
冷水 …… 1/3カップ
天ぷら粉 …… 40g
塩 …… 少々
サラダ油 …… 適量

作り方

1. 牛スジ肉の煮込みは、水気をよく切り、1.5cm幅に切る。にんにくは薄切りにする。
2. 1をボウルに入れ、天ぷら粉（分量外）を薄くまぶす。
3. ボウルに冷水、天ぷら粉、塩を入れて混ぜ、2を加えてさっくりと混ぜる。
4. 170℃に熱したサラダ油で揚げる。

福田から一言

木べらやお玉にのせて、油の中にそっと落とすときれいな形に揚がります。小麦粉でなく、天ぷら粉を使うのもポイント。

牛スジ肉の煮込みを使って……

バリエーション2 スジキムチ

スジ肉とキムチが出合ったら、おいしくないわけがない！ でしょ。
ガッツリ強火で炒めて、男らしく豪快に仕上げてな。

材料

牛スジ肉の煮込み …… 100g
白菜キムチ …… 80g
白菜キムチの汁 …… 小さじ2
にんにくの芽 …… 2本
しょうゆ …… 小さじ1
ごま油 …… 適量

作り方

1. 牛スジ肉の煮込みは、水気をよく切り、食べやすい大きさに切る。白菜キムチは食べやすい大きさに、にんにくの芽は3cmに切る。
2. フライパンにごま油を熱し、白菜キムチを炒め、牛スジ肉の煮込み、にんにくの芽を加えてさらに炒める。
3. 白菜キムチの汁、しょうゆを加えて軽く炒め、皿に盛る。

福田から一言

味の決め手は、白菜キムチの汁を必ず入れること。ほんのりした酸味と旨味が加わって、深い味わいになります。

牛スジ肉の煮込みを使って……

バリエーション3　スジマヨ

大好きなエビマヨ風に、スジ煮込みをアレンジ。
マヨ好きならずとも、思わずあとひく旨さです。

材料

牛スジ肉の煮込み …… 100g

A
- マヨネーズ …… 大さじ2と1/2
- コンデンスミルク …… 大さじ1/2
- ケチャップ …… 小さじ1/4

七味唐辛子 …… 適量

作り方

1. 牛スジ肉の煮込みは、水気をよく切り、室温に戻す。ボウルにAを入れ、よく混ぜる。
2. Aに牛スジ肉の煮込みを入れて混ぜ、器に盛り、お好みで七味唐辛子をふる。

福田から一言

コンデンスミルクのおかげで、けっこうなコクが出るんです。スジ肉の水気をよく切ると、マヨソースと混ざりやすくなります。

手羽先入りおでん

トマトには“グルタミン酸”という、旨味成分がたっぷり。
こっくりした手羽先のだしと、相乗効果で深〜い味が出るんです。

材料

鶏手羽先 …… 2本
大根 …… 4cm
ちくわ …… 1本
じゃがいも …… 1個
うずらの卵（水煮）…… 6個
トマト（小）…… 2個
昆布とかつおでとっただし汁 …… 5カップ
酒 …… 大さじ4
みりん …… 大さじ3〜4
薄口しょうゆ …… 大さじ3〜4
黒こしょう …… 適量

作り方

1. 鍋に湯を沸かし、鶏手羽先をさっとくぐらせて湯通しする。大根は皮を厚めにむき、2cm厚さの輪切りにして、鍋に米のとぎ汁を沸かして固めに下ゆでし、水によくさらしておく。じゃがいもは皮をむき、半分に切り、水にさらしておく。トマトは湯むきする。ちくわは半分に切る。
2. 鍋に昆布とかつおでとっただし汁、酒、みりん、薄口しょうゆを入れて火にかけ、沸騰したら鶏手羽先、大根を入れて20分ほど煮る。
3. ちくわ、じゃがいも、うずらの卵を加えて15分、トマトを加えて8分煮る。
4. 黒こしょうをふり、いただく。

福田から一言

手羽先を熱湯にくぐらせることで、余分な脂が抜けてアクも少なくなります。トマトを崩すとだしの風味が変わるので、2種類の味を楽しんで。

タイのアラのトマト煮

**タイって大きな魚やから、1人前には贅沢なくらい
アラにも身がついてます。骨までしゃぶりたくなる旨さやで～。**

材料

タイのアラ（頭部、中骨など）…… 1/2 尾分
トマトの水煮缶 …… 1缶（400g）
玉ねぎ …… 1/4 個
ズッキーニ …… 1/2 本
水 …… 1/2 カップ
にんにく …… 1/2 片
赤唐辛子 …… 1/2 本
赤ワイン …… 大さじ1
塩 …… 少々
こしょう …… 少々
オリーブオイル …… 適量

作り方

1. タイのアラに塩（分量外）をふり、15 分ほどおく。玉ねぎ、にんにくはみじん切りにする。ズッキーニは8mm 厚さの輪切りにする。
2. 鍋に湯を沸かし、タイのアラを湯通しして霜降りにする。冷水に取り、うろこや汚れを取りのぞく。
3. 鍋にオリーブオイルとにんにくを入れて火にかけ、香りが立ったら玉ねぎ、赤唐辛子を加えてよく炒める。
4. トマトの水煮缶、水を加え、沸騰したらタイのアラと赤ワイン、塩を加え、落としぶたをして弱めの中火で 15 ～ 20 分ほど煮る。
5. ズッキーニを加えてさらに7～8分煮て、塩、こしょうで味をととのえる。

＜ガーリックトースト＞

材料

フランスパンの薄切り、にんにく、
オリーブオイル …… 各適量

作り方

フランスパンに、にんにくの切り口をこすりつけ、香りをつける。オリーブオイルをかけ、オーブントースターで焼く。

福田から一言

最初に塩をたっぷりふると、水が出てだいぶ臭みが抜けます。アラ料理はとにかく下処理が肝心。好みでローズマリーなどのハーブを加えても OK。

サムゲタン

丁寧に洗って、おなかに詰めて……。手塩にかけて作るから、しまいには、鶏がめっちゃかわいく見えてきますよ。

材料（作りやすい分量）

丸鶏（小さめのもの /700g）…… 1羽
もち米 …… 大さじ4
高麗にんじん …… 1～2本
にんにく …… 1～2片
なつめ …… 2～3個
しょうが（薄切り）…… 適量
塩 …… 少々
鶏ガラスープの素（顆粒）…… 小さじ1
長ねぎ …… 適量
糸とうがらし …… 適量
ゆずこしょう …… 適量

作り方

1. 丸鶏を水で洗う。おなかの中まで丁寧に洗い、余分な脂肪を取りのぞく。キッチンペーパーなどで水気をふき取る。もち米は水で洗い、1時間ほど水に漬けておく。長ねぎは斜め薄切りにする。
2. 丸鶏のお尻から、水を切ったもち米をまず半量程度詰める。高麗にんじん、にんにく、なつめを切らずにそのまま詰め、残りのもち米も詰める。
3. つまようじで、お尻の穴部分を縫うように留める。足を組ませ、タコ糸で縛る。
4. 鍋に**3**を入れ、ひたひたにかぶる程度の水（分量外）、しょうが、塩、鶏ガラスープの素を入れ、火にかける。
5. 沸騰したら弱火にし、アクと脂をこまめに取りながら弱火で2時間ほど煮る。
6. 長ねぎを加える。糸とうがらしをのせ、ゆずこしょう（もしくは塩）で好みの味に調節しながらいただく。

福田から一言

スープがにごるので、ふたをしないで煮込んでください。根気良くアクをすくい続けることが、上手に仕上げるコツです。

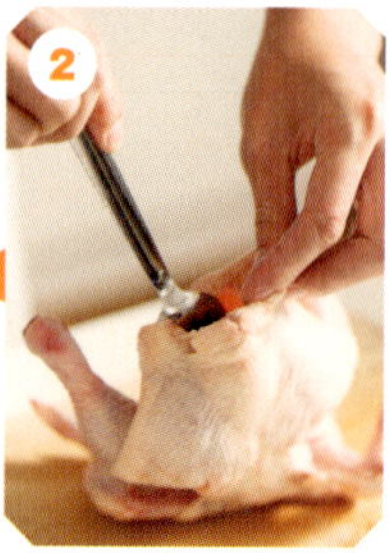

もち米が水分を吸ってふくらむので、お腹の9割程度まで詰めるのがベスト。

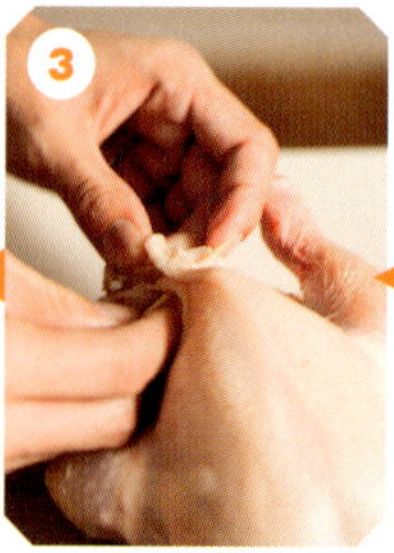

1本で留めづらい場合、つまようじを2本使ってもOK。

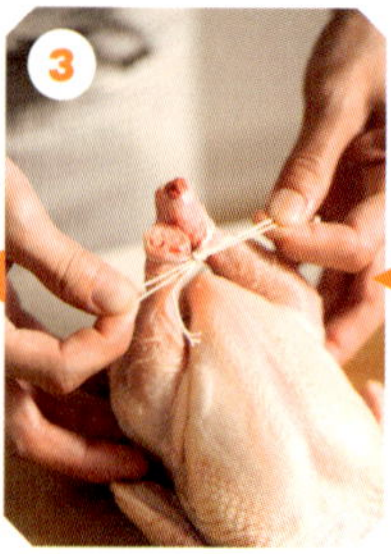

タコ糸で縛ることで、足が開かず、きれいな形の仕上がりになる。

煮詰まってスープが少なくなったら、適宜水を足しながら煮込む。

サバのカレー煮込み

**サバ味噌を試しにカレーで作ってみたら、これが大当たり！
サッパリした大根おろしが、サバとカレーをつないでくれます。**

材料

サバ …… 1切れ
しょうが（薄切り）
…… 4～5枚
カレールー（市販のもの）
…… 10g
だし汁 …… 3/4カップ
酒 …… 大さじ1と1/2
大根おろし …… 適量

作り方

1. サバは皮に切り目を入れておく。
2. 鍋にだし汁、酒を入れて火にかけ、煮たったらサバ、しょうがを入れ、落としぶたをして中火で7～8分煮る。
3. サバに火が通ったら、カレールーを加えて溶かし、2～3分煮る。
4. 皿に盛り、大根おろしを添える。

福田から一言

だし汁に固形のカレールーを加えるだけの、手軽さも魅力。大根おろしをたっぷり添えて、カレーと混ぜながら食べてください。

鶏もも肉の梅煮

スッキリした梅干しの香りが食欲をそそる一品。
鶏皮には旨味が詰まってるから、有効に使いたいものです。

材料（2人分）

鶏もも肉 …… 1枚（約300g）
梅肉 …… 1個分
しょうが …… 1/2片
だし汁 …… 2/3カップ
酒 …… 大さじ2
みりん …… 大さじ2
しょうゆ …… 大さじ1〜2
大葉 …… 適量

作り方

1. 鶏もも肉は皮をはがす。皮は細かく刻み、身は一口大に切る。しょうが、大葉はせん切りにする。梅肉は軽く包丁の背でたたいておく。

2. 鍋に鶏の皮を入れて炒め、脂を出す。その脂で身を軽く炒める。

3. しょうが、だし汁、酒、みりん、しょうゆ、梅肉を加え、落としぶたをして中火で7〜8分煮る。

4. 煮汁の味をみて、適宜しょうゆで味をととのえ、器に盛り、大葉をたっぷりのせる。

福田から一言

鶏皮は、カラカラになるまで弱火でじっくり炒めて脂を出して。鶏もも肉は固くなるので、あまり煮すぎないこともポイントです。

トリッパのトマト煮

大阪時代に、特売品のモツでよく作ってました。
たまにはワイン呑もうかな〜、って気になりますよね。

材料（作りやすい分量）

トリッパ …… 400g

A
- 玉ねぎ、にんじん、セロリの葉、ローリエ、パセリの茎などの香味野菜（他の料理で余った、端の部分をとっておく）…… 適量
- 白ワインビネガー …… 少々

にんにく …… 1片
ベーコン …… 2枚
玉ねぎ …… 1/2個
にんじん …… 1/3本
セロリ …… 1/2本
赤ワイン …… 大さじ4
トマトの水煮缶 …… 1缶（約400g）
ブイヨン …… 1と1/2カップ
赤唐辛子 …… 1/2本
ローリエ …… 1枚
オリーブオイル …… 適量
バター …… 小さじ2
粉チーズ …… 適量
塩 …… 少々
こしょう …… 少々
パセリ …… 適量

※トマトの水煮は、ホールでもダイスでもOKです。

作り方

1. トリッパは水でよく洗う。鍋にひたひたにかぶる程度の水とAを入れて火にかけ、沸騰したらトリッパを加えて2時間ほど下ゆでし、アクと臭みを取っておく。
2. 下ゆでしたトリッパは4×8cm大に、にんにくはみじん切り、ベーコンは8mm幅の細切り、玉ねぎ、にんじん、セロリは5mm角にそれぞれ切る。
3. 鍋にオリーブオイルとにんにくを入れて火にかけ、香りが立ったらベーコン、玉ねぎ、にんじん、セロリを加えてよく炒める。
4. トリッパを加えて軽く炒め、赤ワインを加える。アルコール分をよくとばす。
5. トマトの水煮缶、ブイヨン、赤唐辛子、ローリエを加える。沸騰したら火を弱め、30分ほど煮る。
6. バター、粉チーズを加えて混ぜ、塩、こしょうで味をととのえ、刻んだパセリをふる。

福田から一言

ブイヨンは、顆粒の洋風スープの素や、コンソメのキューブなどを使ってもOK。商品の表示通りの割合で、1と1/2カップの水に溶かしたものを使用してください。

便利な道具を発見するのが楽しい

街を歩いていると、つい雑貨屋なんかに立ち寄って、調理道具を物色してしまいます。うっかり衝動買いしてしまうこともしばしば……。いろんな道具揃えて、見てるだけでも楽しいもんな〜。

純チタン木柄いため鍋

この中華鍋は、持つとびっくりするほど、とにかく軽い！　女性の方には特におすすめの鍋です。持ち手が木製で、サイズはやや小さめが使いやすいかな。あと、さびにくいのも嬉しいですね。

㈲三木商店 / ☎ 03-3844-1259

バーミックス

これひとつあれば、マヨネーズや魚のすり身なんかを作るのも簡単。刃を変えるだけで、いろんな用途に使えるから重宝してます。1人前を作るのに、ちょうどいい大きさなんですよね。

㈲チェリーテラス・代官山 / ☎ 03-3770-8728

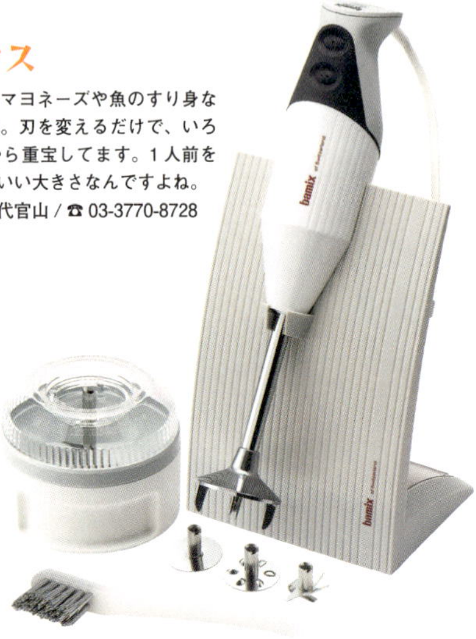

ドレッシング用泡立て器

100円ショップにも売ってる小さな泡立て器、めっちゃ活用してます。味噌の器に突っ込むと、1人分にぴったりの量が付いてくるんです。そのまま鍋に入れて混ぜれば、味噌汁が完成。合わせ調味料なんかも混ぜやすいですよ。

ル・クルーゼの鍋

僕が持っているのは「ココット・オーバル」のオレンジ。ズシッと重くて頼りがいのある鍋です。気合を入れて煮込みを作るときに。

㈲ル・クルーゼ カスタマーダイヤル / ☎ 03-3585-0198

石焼きビビンバ鍋

買ったばっかりのときは嬉しくて、毎日使ってました。ビビンバだけじゃなくレトルトのカレーをかけたり、そぼろご飯を食べてみたり。この熱々感、ハマりますよ〜。東急ハンズやロフトでも売ってます。

※本書に記載されている情報は2010年2月現在のものです。商品情報などは変更になる場合もあります。

第七章
〆の料理も作ってみる

自分では、〆の料理は
ほとんど食べないんです。
ずっと呑んでたいから、〆る気もない……
っていうのはともかく、
誰かに作ることのほうが多いですね。
〆の料理って言われて思い出すのは、
大阪時代によく遊んでた、
キャバ嬢のアキちゃん。
僕のチャーハン、おいしいおいしいって
いつも食べてくれはったなぁ～。
作ったものを喜んでもらえると、
やっぱり嬉しいですよね。

カラスミおにぎり

豪華食材で〆る、っていう意外性がいいでしょ。
たまには変化球投げたい〜ってときに作ってみてな。

材料

ご飯 …… 茶碗1杯分（約200g）
粉カラスミ …… 小さじ4
パセリ（みじん切り）…… 少々
焼きのり …… 適量
塩 …… 少々
粉チーズ …… 適量

作り方

1. ボウルに温かいご飯を入れ、粉カラスミ、パセリのみじん切りを加えて混ぜ、塩で味をととのえて、おにぎりを握る。
2. 焼きのりを巻き、粉チーズをふる。

福田から一言

粉カラスミがないときは、おろし金でカラスミをおろしてもOK。軽く火であぶると扱いやすく、風味も増すのでおすすめです。

かば玉うどん

讃岐名物“かま玉”ならぬ“かば玉”や〜！
かば焼きのたれが大好きなんで、最後まで活躍させます。

材料

冷凍うどん……1玉
卵……1個
かば焼きのたれ……適量
万能ねぎ（小口切り）……適量

A：錦糸卵
- 卵……1個
- 酒……少々
- 塩……少々

作り方

1. ボウルでAを混ぜる。フライパンに薄くサラダ油（分量外）を熱し、Aを注ぎ、薄焼き卵を焼く。せん切りにして、錦糸卵を作る。
2. うどんをゆでる。熱いうちに器に盛り、卵とかば焼きのたれをかける。
3. 錦糸卵と万能ねぎをのせ、よく混ぜていただく。

福田から一言

うどんは生麺でも、乾麺でもOK。ゆでたら熱々のうちに、卵とたれをからませること。卵が余熱でトロ〜ッとするのがベストです。たれは主張が強いので、入れすぎに注意してください。

納豆チャーハン岩のりあんかけ

見た目はちょっとアレやけど、食べればわかる。
岩のりと納豆の組み合わせ、絶対クセになりますよ～。

材料

ご飯 …… 茶碗1杯分（約200g）
納豆 …… 1/2パック
鮭フレーク …… 大さじ2
大葉 …… 5枚
卵 …… 1個
サラダ油 …… 適量
水 …… 3/4カップ
液体だし …… 小さじ1/2
塩 …… 少々
岩のりのつくだ煮
…… 大さじ1と1/2
水溶き片栗粉（小さじ1の水に、小さじ1の片栗粉を溶いたもの）

作り方

1. 卵は卵黄と卵白に分けておく。大葉はせん切りにする。
2. 温かいご飯をボウルに入れ、卵黄を加えてよく混ぜる。
3. フライパンにサラダ油を熱し、2を入れて炒め、納豆、鮭フレーク、大葉を順に加えながらさらに炒める。
4. 別の鍋に水、液体だしを入れて火にかけ、沸騰したら塩で味をととのえる（お吸い物程度の濃さ）。
5. 水溶き片栗粉を加えてとろみをつけ、卵白を加えて混ぜ、岩のりのつくだ煮を加えてさらに混ぜる。
6. 3を器に盛り、5をかける。

福田から一言

卵黄とご飯はよく混ぜておくこと。卵がご飯粒を包んで衣の役割をするので、お店のチャーハンのようにパラリと仕上がります。

キムチチャーハンまん中卵

キムチの辛味を、まろやかな卵でコーティング。
ガッツリ混ぜてると、なぜかテンション上がります！

材料

ご飯 …… 茶碗 1 杯分（約 200g）
白菜キムチ …… 70g
豚ひき肉 …… 70g
長ねぎ …… 5cm
ニラ …… 3 本
白菜キムチの汁 …… 大さじ 2
コチュジャン …… 小さじ 1/2
豆板醤 …… 小さじ 1/2
ごま油 …… 適量
卵 …… 1 個

作り方

1. 白菜キムチは軽く汁気を切って、細めのざく切りにする。長ねぎはみじん切り、ニラは 1cm 幅に切る。
2. フライパンにごま油を熱し、豚ひき肉、白菜キムチ、温かいご飯を順に加えて炒め、白菜キムチの汁、コチュジャン、豆板醤を加えて味をととのえる。
3. 長ねぎ、ニラを加えて軽く炒め、皿に盛り、中央を少しくぼませて卵を落とす。

福田から一言

豚ひき肉はじっくり炒めて旨味を出すこと。キムチの汁は味の決め手になるので、必ず入れましょう。卵でベチャッとなるくらいがおいしいので、とにかくよく混ぜて食べてください。

材料

ご飯 …… 茶碗１杯分（約 200g）
ベーコン …… ２枚
玉ねぎ …… 1/6 個
トマト …… 1/2 個
ピザソース（市販のもの）
…… 大さじ２
オリーブオイル …… 適量
コーン（缶詰）…… 大さじ２
とろけるチーズ …… 適量
バジルソース …… 適量
タバスコ …… 適量
塩 …… 少々
こしょう …… 少々

作り方

1. ベーコン、玉ねぎはみじん切りにする。トマトは種を取り、角切りにする。
2. フライパンを熱し、油をひかずにベーコンを炒め、取り出す。同じフライパンにオリーブオイルを熱し、玉ねぎを炒め、塩、こしょうで下味をつける。
3. ボウルに温かいご飯を入れ、ピザソースを混ぜる。
4. 石焼きビビンバの器（なければ厚手のフライパン）を直火で熱し、オリーブオイルを薄くひき、3 を入れる。
5. ベーコン、玉ねぎ、コーン、トマト、とろけるチーズをのせる。
6. バジルソースとタバスコを添え、混ぜながらいただく。

福田から一言

厚手のフライパンでもできますが、石焼きビビンバ専用の器があると、すごく楽しいのでおすすめです。ビビンバはもちろん、「石焼きカレー」とか、遊び心が刺激されるアイテムなのです。

石焼きビビンバ イタリアン風

おこげの香ばしさと、こってりチーズやベーコンって、意外に相性◎なんですよ。最後まで熱々なのも、ポイント高いよね～。

スジ肉
カルボナーラ

『美味しんぼ』曰く
「カルボナーラはパスタの基本」。
絶対マスターせな！ と思って、
何度も何度も作ったな〜。
スジ肉入れると、
だしが効いてさらに旨いんですよ。

材料

スパゲッティ …… 80g
牛スジ肉の煮込み（P.72） …… 60g
にんにく …… 1/2片
ベーコン …… 1枚
玉ねぎ …… 20g
まいたけ …… 1/4パック
オリーブオイル …… 適量
塩 …… 少々
粗びき黒こしょう …… 少々

A：ソース
- 卵 …… 1個
- 卵黄 …… 1個分
- 生クリーム …… 大さじ2
- 粉チーズ …… 大さじ3強

作り方

1. 牛スジ肉の煮込みは、水気をよく切り、1cm幅に切る。ベーコンは1cm幅に切り、にんにく、玉ねぎはみじん切りにする。まいたけは小房に分ける。ボウルにAを入れ、混ぜておく。
2. 鍋にたっぷり湯を沸かし、塩（分量外）を加え、表示通りにスパゲッティをゆでる。
3. フライパンにオリーブオイルとにんにくを入れて火にかけ、香りが立ったらベーコン、玉ねぎ、まいたけ、牛スジ肉の煮込みを順に加えて炒める。
4. 3にスパゲッティを加えて炒め、塩で味をととのえる。
5. Aのボウルに4を入れ、手早く混ぜる。
6. 皿に盛り、粗びき黒こしょうをかける。

福田から一言

卵は火が入りやすいので、パスタとソースはボウルに移してから混ぜるのがコツです。

あとがき

　最初にこの本の話をいただいたとき、正直「えっ、オレで大丈夫か……？」って思いました。特に変わった料理が作れるわけじゃないし、ただ料理するのと呑むのが「好き」っていうだけで、本なんか出してええんかな……？　と。でも、懐かしいレシピを思い出したり、新しいメニューを考えたりしていたら、いつの間にかこの仕事を自分がすごく楽しんでいることに気がつきました。この本の中の僕の写真、自分で言うのもなんですけど、めっちゃいい笑顔してません？　われながら驚きました。「こんな楽しそうに料理してるんやなぁ～」って。

　料理すればゴミも、洗いものも出る。時間も手間もかかるし、面倒なこともいっぱいあります。でも、それ以上の達成感があります。うまく味がきまれば素直に嬉しいし、「次はもっとこうしよう」っていう目標もできる。例えば、ウインナーをタコさんにするだけでも立派なひと工夫だし、テンションも上がります。遊び心も刺激されるし、料理って、本当に飽きることがないんよね～。

　料理も、家呑みも、めいっぱい満喫するにはそれなりの心のゆとりが必要です。仕事がうまくいってないときは、料理するのも億劫になったり、呑みすぎて自己嫌悪になったり……。きれいごとに聞こえるかもしれんけど、充実した生活あってこその、楽しい家呑みだと僕は思います。毎日イライラすることも、うまくいかないこともあるけど、どうせなら笑って楽しく生きていきたいです。

　この本、どんな人が読んでくれてるのやろう。僕と同じ、家呑み好き・料理好きの方なのか、ファンの方なのか、もしくは僕のことを全然知らないおじちゃんでもおばちゃんでも、みなさん本当にありがとうございます。この本を読んで、料理を作って、「おいしいな～」って笑顔になってくれたらいいなぁ～と心から思います。そして、毎日を充実させて、毎晩楽しく家で酒を呑みましょう！　僕もきっと、今日もどこかで必ずおいしいお酒を呑んでいます。

2010年2月　福田充徳

アートディレクション・デザイン	lil.inc
撮影（料理、人物）	牧田健太郎
撮影（P38、52、86）	柳内　悠
フードスタイリスト	伊豫利恵（so-planning）
構成	久保彩子（so-planning）
フードコーディネイト・レシピ協力	前田直子（so-planning）
スタイリスト	三浦知花
ヘアメイク	伊藤　元（Crollar）
マネジメント	辻井瑠美・生井　梓（よしもとクリエイティブ・エージェンシー）
制作	阪口知里（よしもとクリエイティブ・エージェンシー）
校正	鈴木初江
編集	川上隆子・山口みさと（ワニブックス）

チュートリアル福田充徳の家呑みレシピ
著者　福田充徳

2010年3月19日 初版発行
2010年9月1日 3版発行

発行者　横内正昭
編集人　青柳有紀

発行所　株式会社ワニブックス
〒150-8482
東京都渋谷区恵比寿4-4-9えびす大黒ビル
電話 03-5449-2711（代表）
　　03-5449-2716（編集）
振替 00160-1-157086
ワニブックスホームページ http://www.wani.co.jp

印刷所　凸版印刷株式会社
製本所　ナショナル製本

定価はカバーに表示してあります。
落丁・乱丁の場合は小社管理部宛にお送りください。
送料は小社負担でお取り替え致します。
ただし、古書店等で購入したものに関してはお取り替えできません。

ISBN 978-4-8470-1894-7